Volta às aulas

Adeilson Salles

Ilustrações de L. Bandeira

Copyright © 2008 *by*
FEDERAÇÃO ESPÍRITA BRASILEIRA – FEB

1ª edição – Impressão pequenas tiragens – 6/2025

ISBN 978-85-7328-576-5

Todos os direitos reservados. Nenhuma parte desta publicação pode ser reproduzida, armazenada ou transmitida, total ou parcialmente, por quaisquer métodos ou processos, sem autorização do detentor do *copyright*.

FEDERAÇÃO ESPÍRITA BRASILEIRA – FEB
SGAN 603 – Conjunto F – Avenida L2 Norte
70830-106 – Brasília (DF) – Brasil
www.febeditora.com.br
editorial@febnet.org.br
+55 61 2101 6161

Pedidos de livros à FEB
Comercial
Tel.: (61) 2101 6161 – comercial@febnet.org.br

Adquirindo esta obra, você está colaborando com as ações de assistência e promoção social da FEB e com o Movimento Espírita na divulgação do Evangelho de Jesus à luz do Espiritismo.

Dados Internacionais de Catalogação na Publicação (CIP)
(Federação Espírita Brasileira – Biblioteca de Obras Raras)

S168v   Salles, Adeilson Silva, 1959–

Volta às aulas / Adeilson Salles; Ilustrações: Lourival Bandeira de Melo Neto. – 1. ed. – Impressão pequenas tiragens – Brasília: FEB, 2025.

32 p.; il. color.; 25 cm

ISBN 978-85-7328-576-5

1. Literatura infantojuvenil brasileira. I. Melo Neto, Lourival Bandeira de, II. Federação Espírita Brasileira. III. Título.

CDD 028.5
CDU 087.5
CDE 81.00.00

Dedico este trabalho aos evangelizadores e em especial às dedicadas evangelizadoras da Associação Espírita Anjo Gabriel, da cidade de Santos.

Ciça estava muito feliz com a volta às aulas.

Sua mãe havia providenciado todo o material escolar.

Caderno novinho com a capa cor de rosa, lancheira com alcinha para carregar no ombro, mochila toda colorida com rodinhas.

Mas o que mais chamava a atenção de Ciça era a sua nova caixa de lápis de cor. Eram 24 cores, uma mais bonita do que a outra.

Nem bem dona Yara abriu a sacola de compras com o material escolar, Ciça apanhou a caixa de lápis de cor e começou a pintar alguns desenhos, dizendo:

— Mamãe, esse ano vou ser a melhor aluna da escola.

Sorrindo, dona Yara falou:

— Que bom, Ciça, só depende de você!

— Vou cuidar para que meus cadernos não tenham nenhuma orelhinha.

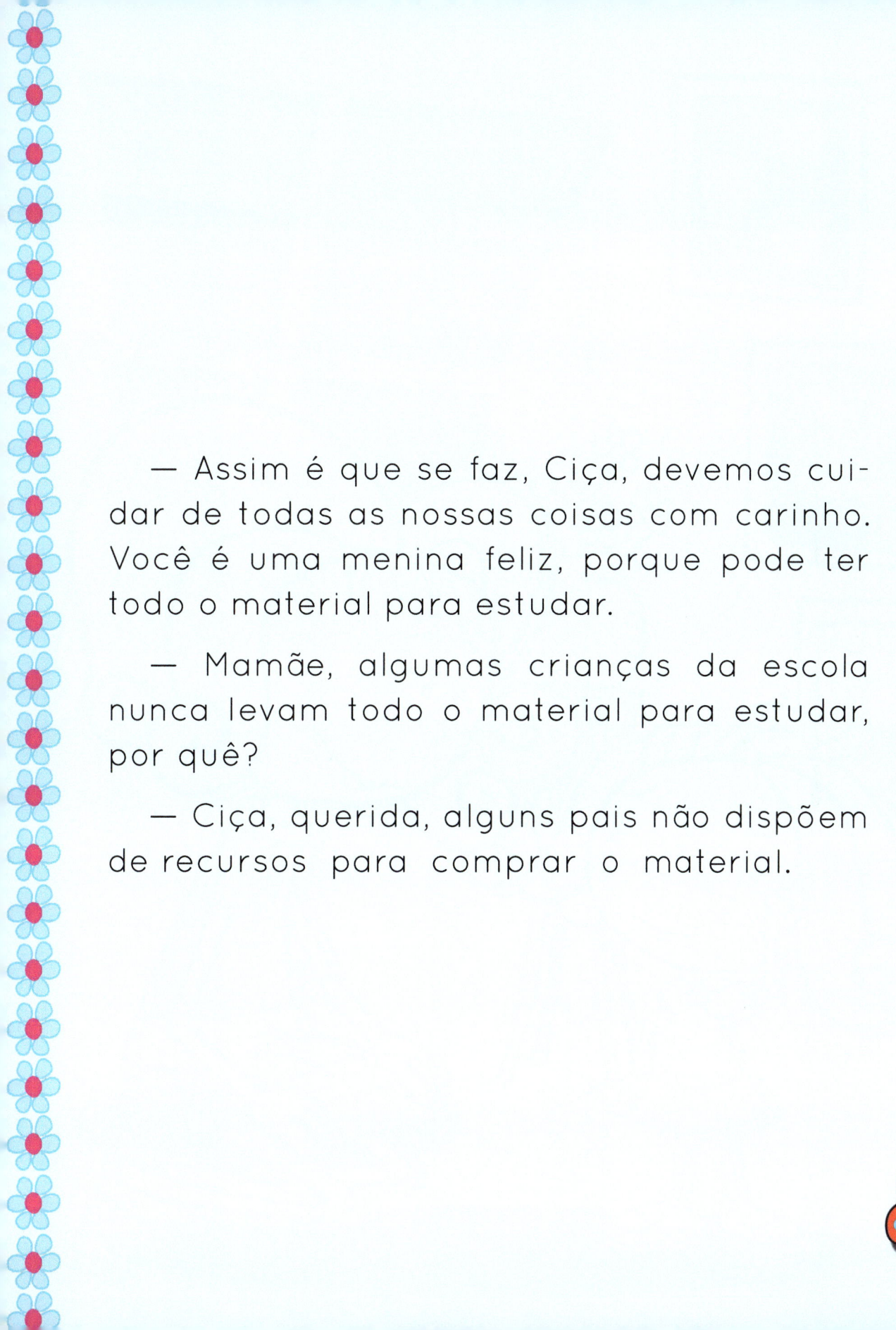

— Assim é que se faz, Ciça, devemos cuidar de todas as nossas coisas com carinho. Você é uma menina feliz, porque pode ter todo o material para estudar.

— Mamãe, algumas crianças da escola nunca levam todo o material para estudar, por quê?

— Ciça, querida, alguns pais não dispõem de recursos para comprar o material.

— Por quê?

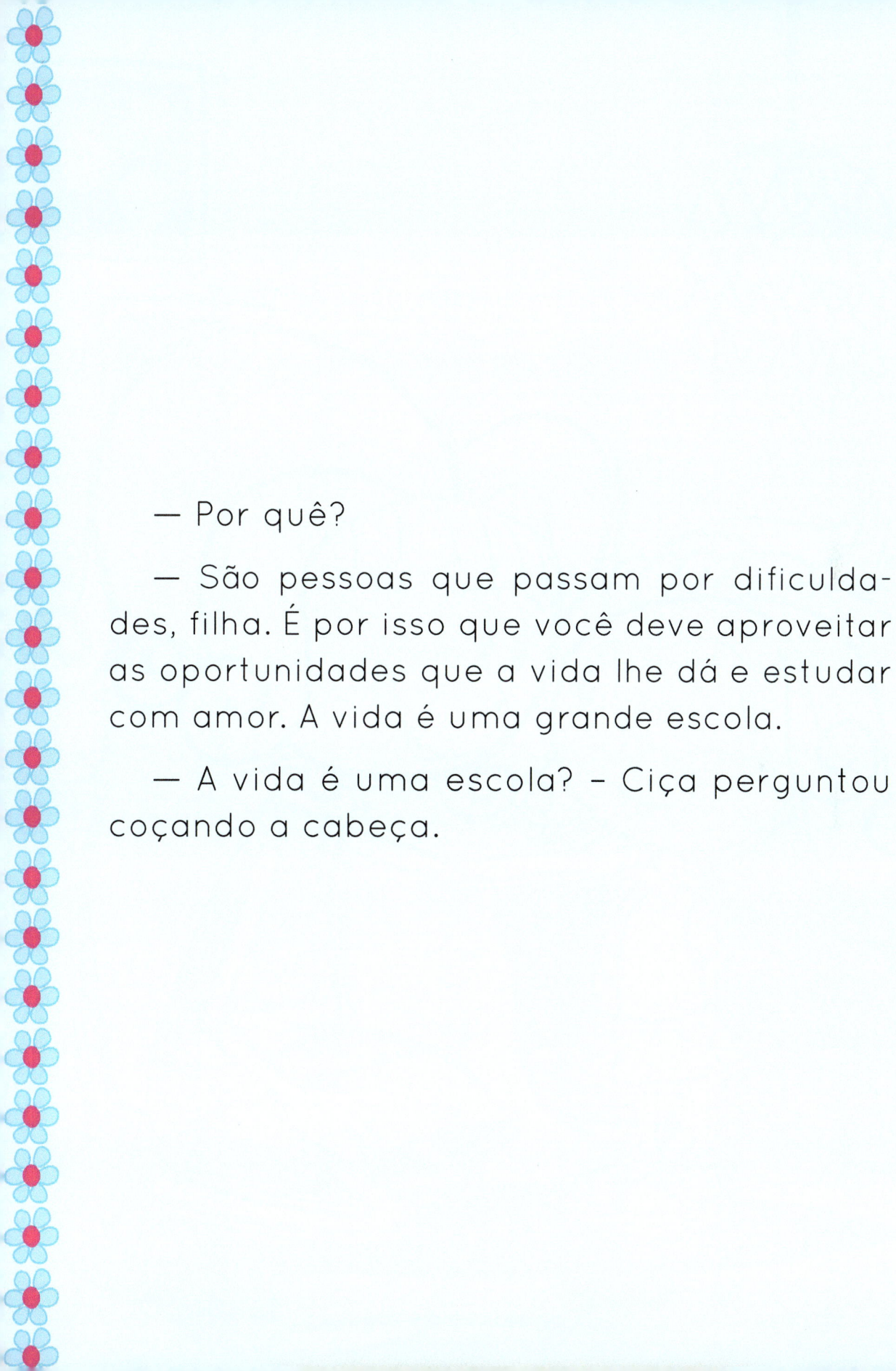

— São pessoas que passam por dificuldades, filha. É por isso que você deve aproveitar as oportunidades que a vida lhe dá e estudar com amor. A vida é uma grande escola.

— A vida é uma escola? – Ciça perguntou coçando a cabeça.

— Sim, filha. Todos os anos, nós compramos material escolar pra você estudar, não é?

— É verdade, mamãe! Eu ainda tenho o estojinho do ano passado que eu conservei.

— Quando você nasceu, Deus lhe deu de presente um corpo novinho para você estudar na escola da vida. O seu corpo é o material escolar do Espírito. E a vida é a sua escola. Por isso, é importante que você cuide do seu corpo.

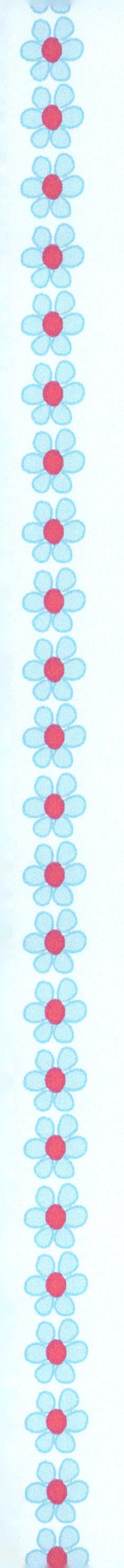

— E como eu faço para cuidar do meu corpo?

— Alimentando-se bem, não tendo vícios, escovando os dentes, fazendo caridade.

— Puxa, mamãe, é verdade? Fazer caridade faz bem para o corpo?

— É, Ciça, Deus é nosso Pai e nos encaminha para a escola da vida com amor para aprendermos e evoluirmos. A caridade faz bem para o Espírito.

— E se eu tirar notas baixas e repetir o ano na escola da vida, Deus me põe de castigo?

— Não, filha, Deus não castiga. Ele vai matriculá-la outra vez na escola da vida através da reencarnação.

— Reencarnação?

— Sim, Ciça, pela reencarnação o Espírito volta em um novo corpo na escola da vida. Assim, poderá aprender as lições em que foi reprovado na vida anterior.

— É como repetir a mesma série da escola?

— Isso mesmo!

— Mamãe, e onde o Espírito escreve as suas lições?

— O Espírito escreve suas lições em um caderno chamado consciência. Tudo o que nós fazemos de certo ou errado fica escrito em nossa consciência.

— Mamãe, na escola eu tenho matérias, como Português, Matemática, Geografia. Quais são as matérias na escola da vida?

Sorrindo, dona Yara respondeu:

— São muitas as matérias que devemos aprender. A principal delas é o amor. Precisamos aprender a amar, a perdoar, a fazer caridade...

Ciça ouvia tudo admirada e curiosa.

— Quem é o diretor da escola da vida, mamãe? E quem é o professor que ensinou todas essas coisas pra senhora?

— O diretor da escola da vida é Jesus, e o professor que me explicou essa matéria foi Allan Kardec.

Ciça ficou pensativa e logo tornou a perguntar:

— Mamãe, o Espírito tem lápis para escrever as lições na escola da vida?

— Poderíamos dizer que o lápis do Espírito são as suas atitudes. O Espírito escreve a sua lição na escola da vida pelo lápis das atitudes.

— E borracha, mamãe, o Espírito tem borracha para apagar as lições erradas?

— A borracha do Espírito é o perdão. Quando a gente perdoa e esquece as coisas desagradáveis, apagamos as mágoas que nos fazem sofrer.

— E caixa de lápis de cor, o Espírito também tem?

Dona Yara pensou, pensou... E respondeu:

— A caixa de lápis de cor do Espírito é a família e os amigos que ele faz. É a família e os amigos que dão colorido à nossa vida. Por isso, devemos cuidar com carinho do nosso corpo, para bem aproveitarmos a oportunidade de estarmos aqui, na escola da vida.

Ciça sorriu e disse à mãe:

— Espere um pouco que eu já volto!

— Menina, aonde você vai? Venha me ajudar a guardar o seu material escolar!

— Espere um pouco, mamãe, já volto! Eu tinha me esquecido... Primeiro vou escovar os dentes! Preciso cuidar do meu corpo pra não repetir o ano na escola da vida.

Vamos colorir?

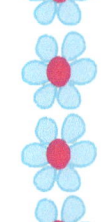

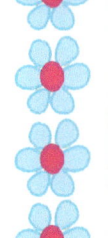

Leve Ciça até a escola.

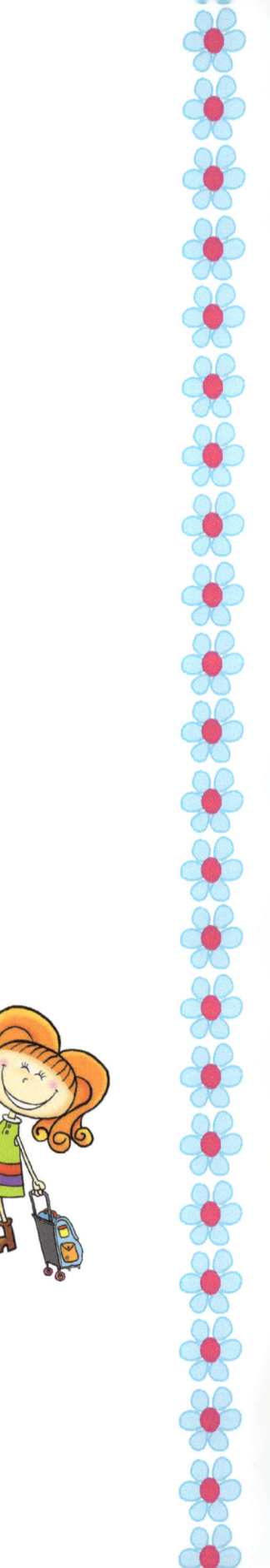

Você saberia dizer onde as peças se encaixam?

Solução: A5, B4, D3, E2, C1

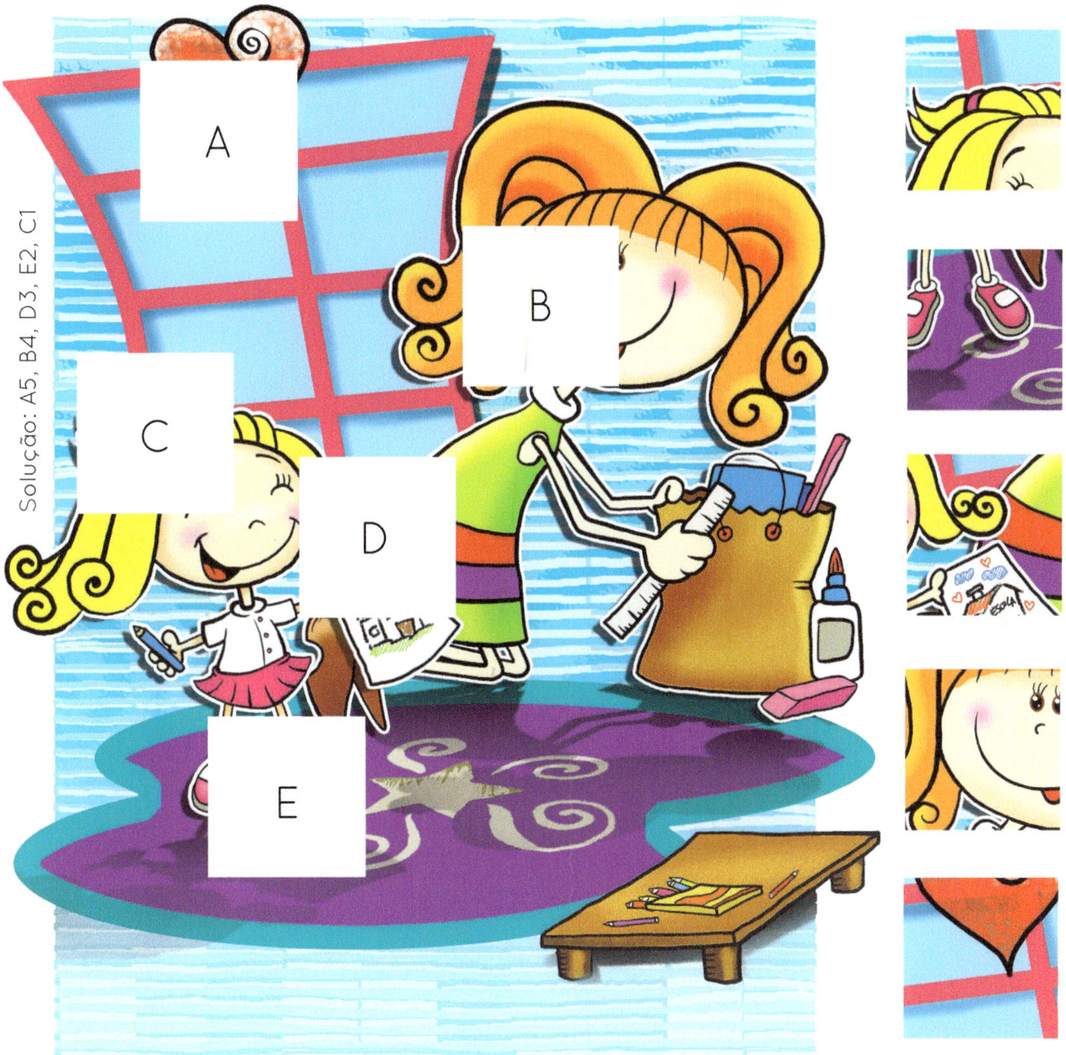

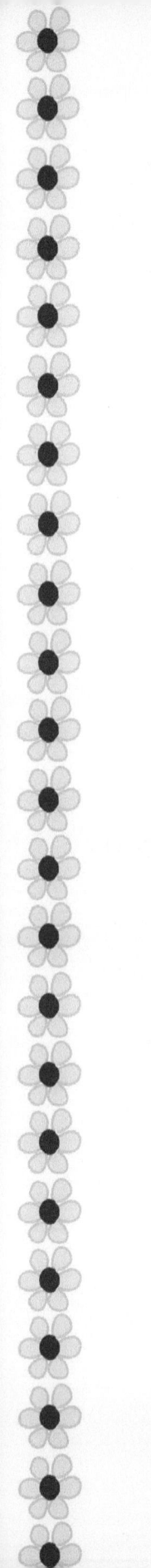

Conselho Editorial:
Carlos Roberto Campetti
Cirne Ferreira de Araújo
Evandro Noleto Bezerra
Geraldo Campetti Sobrinho – Coord. Editorial
Jorge Godinho Barreto Nery – Presidente
Maria de Lourdes Pereira de Oliveira
Miriam Lúcia Herrera Masotti Dusi

Produção Editorial:
Elizabete de Jesus Moreira

Revisão:
Elizabete de Jesus Moreira
Lígia Dib Carneiro

Ilustrações, Capa e Projeto Gráfico:
Lourival Bandeira de Melo Neto

Diagramação:
Isis F de Albuquerque Cavalcante

Normalização Técnica:
Biblioteca de Obras Raras e Documentos Patrimoniais do Livro

Esta edição foi impressa no sistema de Impressão pequenas tiragens, em formato fechado de 200x250 mm. Os papéis utilizados foram o Couche 90 g/m² para o miolo e o Cartão 250 g/m² para a capa. O texto principal foi composto em fonte Quicksand 18/24 e os títulos em Bubblegum Sans 34/24. Impresso no Brasil. *Presita en Brazilo.*